AF450431

DES QUALITÉS

ET

DES DEVOIRS

D'UN

INSTITUTEUR PUBLIC,

Par Pierre-Vincent CHALVET, de la Société nationale des Neuf-Sœurs à Paris, et de celle des Amis de la République à Grenoble.

———

A PARIS,

Chez LA VILLETTE, Libraire, rue du Battoir, no. 8.

(1 7 9 3.)

L'an II. de la république française.

A LA CONVENTION NATIONALE.

Citoyens Législateurs,

La jeunesse, l'espoir de la postéri-
rité, ne peut bien apprécier vos lois
qu'autant que l'éducation que vous lui
procurerez leur sera conforme; en conser-
vant encore long-tems une instruction
publique vicieuse, vous laissez subsister
le plus funeste obstacle à l'établissement
de la liberté. C'est aux progrès des lumières qu'elle doit ses victoires : c'est
encore à leurs secours qu'elle sera redevable de son triomphe. Hâtez-vous
donc de fixer vos regards sur le plus

pressant besoin de la jeunesse : que cet ouvrage soit le dernier où j'appelle sur elle votre attention ! (*a*)

J'ai l'honneur d'être , avec le plus profond respect ,

Citoyens Législateurs ,

Votre , etc.

DISCOURS PRÉLIMINAIRE.

Que sous le régime des despotes, l'éducation publique soit négligée, on ne doit pas en être surpris ; leurs trônes et leur puissance ne reposent que sur l'aveuglement et la turpitude des peuples : mais qu'une nation policée, qui se flatte d'avoir rompu ses chaînes, de s'être délivrée de la tyrannie, conserve encore une éducation vicieuse, c'est-là un phénomène inconcevable !

Quel est donc cet amour de la liberté, qui ne s'occupe pas de lui soumettre tous les cœurs, de la faire chérir sur - tout de l'enfance? O mes concitoyens ! si vous avez un sincère désir de la voir fixée parmi vous, hâtez-vous, non-seulement d'échanger vos sentimens d'esclaves, mais songez encore à prémunir la jeunesse contre les impressions serviles que vous avez contractées, et dont chaque jour vous lui laissez voir des traces. Vous n'êtes redevables de votre régénération qu'aux progrès des lumières ; l'affranchissement de l'espèce humaine est le terme et le prix de leurs généreux efforts ; par elles seules, les races futures jouiront des droits de l'égalité, au sein de l'abondance et de la paix ; par elles seules vous appréciez ces mêmes droits : pour votre propre bonheur, pour celui de la postérité, applanissez les obstacles qui s'opposent encore à leur marche glorieuse ! que les besoins de l'enfance soient enfin l'objet de vos sollicitudes !

L'éducation collégiale, en usage jusqu'à ce jour, repose sur des principes religieux, anti-sociaux, qui ont rendu inutiles les plus salutaires réformes. Instruits par les vains essais qu'on a faits à plusieurs reprises, pour l'améliorer, il faut en créer une nouvelle, digne d'une nation jalouse de sa liberté et de ses droits.

Les mêmes écrivains qui ont éclairé l'ancien régime sur l'insuffisance et les suites funestes de l'éducation collégiale, ont publié des projets, des idées lumineuses, qu'on ne doit pas négliger. M. Talleyrand-Périgord, dans son rapport à l'Assemblée constituante, en a sagement profité ; aussi son plan est-il à-la-fois simple et vaste ; la distribution des études, telle que les besoins de la multitude peuvent l'exiger. C'est une de ces conceptions sublimes dignes de la bienveillance nationale. La plus honorable récompense qu'espéroit en retirer son auteur, étoit de la voir exécutée avec succès. Cependant le comité d'instruction de la seconde législature n'a pas cru devoir l'adopter. Le plan qu'elle a formé est, dit-on, moins dispendieux ; puisse-t-il être au plutôt discuté ! De la réunion de tant de lumières, nous avons droit d'attendre une éducation vraiment nationale.

Législateurs, qui veillez au salut de l'empire, partagez vos soins sur ses besoins présens, sur ses besoins à venir. La Belgique retentit de nos foudres de guerre ; ses champs s'abreuvent de nouveau de sang humain ; la mort moissonne nos généreux soldats, qui cimentent de leur sang l'édifice de la liberté ; que la jeunesse qui doit les remplacer, partage leurs nobles sentimens ; qu'elle soit animée de cet enthousiasme pur et sacré pour la patrie, qui constitue le parfait héroïsme. Le reproche que *Plutarque* fait à *Numa* de n'avoir pas assuré ses institutions politiques et religieuses sur l'éducation, la postérité est en droit de le faire à vos prédécesseurs. Ne craignez-vous pas qu'elle ne le fasse à vous-mêmes ? Aurez-vous aussi à vous repentir d'un pareil oubli ! (*b*)

Nous n'essaierons pas d'exposer nos foibles idées sur une matière traitée aussi souvent et avec autant de supériorité ; nous obser- verons seulement que, dans la foule des écrivains qui ont consacré leurs veilles à l'éducation, il en est peu qui se soient oc- cupés des qualités essentielles à l'instituteur. L'émule de *Quintilien*, le vertueux *Rollin*, en a seul parlé ; encore n'a-t-il pas donné à ses idées tout le développement dont elles sont susceptibles. Nous croyons concourir à la prospérité publique, en déterminant les QUALITÉS et les DEVOIRS des instituteurs ; et, avant de nous en occuper, voici quelques réflexions préliminaires, sur lesquelles il n'est pas inutile d'insister.

Du succès de l'éducation.

Le sang qui circule en nos veines, n'est pur et sain, qu'autant que celui de nos pa- rens qui nous enfantent à la nature, est exempt de corruption : de même nous ne sommes vertueux et instruits, qu'autant que nos instituteurs, qui nous enfantent à la so- ciété, le sont eux-mêmes. Les *Rollin*, les *Porée*, par leurs talens, ont fait disparoître les vices inhérens au plan d'instruction qu'ils

étoient forcés de suivre. Les succès extraordi-
naires de la plupart de leurs elèves, font ressortir la nécessité de ne confier la jeunesse qu'à
des hommes propres à les former. Un grand
maître dédommage des imperfections qui se
trouvent dans l'enseignement; un instituteur
inepte ne peut qu'y ajouter. Un instrument
qui, dans les mains débiles d'un enfant, ne
rend que des sons discordans, ravit par ses
accords, entre celles d'un artiste qui connoît les règles de l'harmonie.

Il nous suffit, sans doute, d'observer que,
dans le choix des candidats qui s'offriront
pour être instituteurs, c'est moins des connoissances qu'il faudra rechercher que les
qualités du cœur. On parvenoit autrefois à
cet emploi, avec des notions superficielles ;
on faisoit peu attention aux qualités morales : aussi des maisons d'éducation voyoit-
on rarement sortir des citoyens. L'étude étoit
le seul objet qui captivoit les écoliers et les
maîtres ; comme si l'amour et la pratique des
vertus sociales ne devoit pas être aussi es-
timée que l'acquisition des lumières ! Les suites
d'une pareille éducation étoient désastreuses
pour l'état. La plupart des élèves, ceux sur-
tout qui faisoient le plus de progrès dans
l'étude, pour s'y livrer plus aisément, se

vouoient au célibat ; ainsi la société se trou-
voit privée de citoyens utiles. Une pareille
calamité étoit encore produite par les principes religieux des instituteurs, qui n'offroient la vie célibataire que comme une
perfection ; un moyen facile de plaire à la
Divinité. Certes, sous le régime de la liberté, de pareils principes sont proscrits.
Les instituteurs, en offrant à leurs élèves
les douceurs de l'union conjugale, feront
naître dans leur sein le désir de les connoître. Secondés par la nature, il ne leur
sera pas difficile d'enfanter à l'état de vertueux pères de famille.

Les instituteurs célibataires apportoient rarement dans leurs classes cette satisfaction
pure et inaltérable, qui n'appartient qu'à ceux
qui suivent les impulsions de la vertu et de
la nature. Alors que leur esprit applaudis-
soit à leur conduite, une voix puissante se
faisoit entendre au fond de leur cœur, pour
le contredire ; alors qu'ils s'efforçoient de
se persuader que leur célibat étoit méritoire,
ils ne pouvoient se défendre d'une rêverie
morne, juste châtiment de leurs crimes envers la nature et la société. Leur joie, comme
un éclair, disparoissoit pour faire place à une
mélancolie profonde : les ris ne faisoient

qu'effleurer leurs lèvres ; et ils reprenoient bientôt cette austérité qui tient de l'ennui et de la tristesse.

Qu'un instituteur qui ne contrarie pas les vœux de la nature, apporte dans sa classe une gaieté plus sincère et plus durable ! qu'il offre un modèle plus gracieux à suivre ! que ses leçons, dégagées des tristes atours d'une mélancolie solitaire, sont à la fois, et plus utiles, et plus agréables ! En vain répéteroit-on que les embarras de famille sont incompatibles avec les fonctions d'instituteur. Il est une foule de professions utiles, aussi pénibles, qu'on exerce avec estime, en remplissant les devoirs sacrés d'époux.

De l'enseignement de la langue française.

Une multitude d'idiômes grossiers divisent la France en autant de peuples que de contrées. Il est tems que l'oreille délicate du voyageur ne soit plus choquée de ces intonations diverses qui changent à chaque province, qui rappellent l'ancien régime ; qu'elles soient enfouies avec lui dans la nuit de l'oubli ; qu'il n'y ait plus en France qu'une même langue comme une même administration.

Rome, après avoir asservi les peuples par sa valeur, fut jalouse encore de les enchaîner par son langage : dans ses plus beaux jours, elle rechercha cette nouvelle gloire. Ce que fit ce peuple-roi pour son honneur, faisons-le pour notre prospérité. Amis de la paix, la conquête des provinces voisines nous importe peu : notre seule félicité doit captiver maintenant notre attention. Sans rougir, verrons-nous les étrangers apprendre et parler notre langue, alors qu'elle est inconnue au plus grand nombre d'entre nous ? Un corps respectable par ses lumières lui a décerné des droits à l'universalité ; et nous ne la rendrons pas universelle seulement parmi nous (*c*)! Ah! les peuples jaloux de leur liberté, ont un bien plus grand soin de ce qui intéresse leur bonheur et leur gloire! La revendeuse d'Athènes, qui reconnut à l'accent seul que *Théophraste* étoit étranger, nous prouve à quel point l'usage de la langue étoit général. Les chefs-d'œuvre d'*Homère*, de *Sophocle*, de *Démosthènes*, de *Platon* étoient entendus de tous les Grecs. Eh! à combien de Français, même de nos jours, les *Racine*, les *la Fontaine*, les *Rousseau* sont encore étrangers (*d*)!

On doit attribuer les variations de la lan-

gue française à l'ignorance de la multitude.
Qu'elle soit commune à toutes les classes, et
bientôt elle sera plus riche et plus stable.
Le voyageur, ami de la nature et des lettres, qui parcourt les rians vallons d'Helvé-
tie, s'arrête avec plaisir près de la charrue du
robuste et fier concitoyen de *Gessner*, qui
se délasse de ses travaux par la lecture de
ce chantre de l'innocence pastorale. Si l'on
s'empresse de rendre commun le langage
constitutionnel, on pourra bientôt en France
trouver *Télémaque* ou le *Contrat social* dans
la pannetière des laboureurs (*e*).

Dans la foule des ouvrages instructifs
qui doivent composer la bibliothèque des
nobles époux de la terre, on trouvera sans
doute l'*Ami des enfans* et toutes les produc-
tions d'un des plus vertueux écrivains,
dont nous ne pouvons rappeler le souvenir
que les yeux humectés des larmes de l'a-
mitié (*f*).

Quel avenir ne peut-on pas prévoir, par
l'établissement d'un *langage* national! Les
progrès de l'esprit humain dans ce siècle,
lui méritèren le titre de siècle des lumières;
mais lorsqu'elles seront répandues dans toutes les classes de la société, avec quels nou-
veaux succès ne seront-elles pas cultivées?

Quel progrès ne doit pas faire l'esprit humain !
Quel titre créera-t-on pour caractériser ces
jours de vérité (g) !

L'étude de la morale doit remplacer la religion.

Il est, nous ne l'ignorons pas, des citoyens
qui se récrieront contre cette proposition ;
aussi en appelons-nous à leur justice, en les
invitant à nous suivre dans le développement
que nous donnons à cette vérité.

Soit protestans, soit d'autre secte, il est
un assez grand nombre de Français qui ne
font pas profession du catholicisme, pour
que leurs vœux soient pris en considération.
L'enseignement de la religion, maintenue
dans les colléges, les en éloigne. Ne seroit-
il pas préférable, pour les faire participer
à un établissement purement civil, de sé-
parer l'étude de la religion de celle de la
morale ?

Pour que l'éducation, qui est le plus grand
bienfait d'un gouvernement, soit commune,
il faut que les études qu'elle offre n'éloignent
aucune classe de citoyens. La majorité des
Français est chrétienne ; sa volonté, à la rigueur, doit faire loi ; mais, si, dans cette
occasion, l'avantage de la religion se joint

à celui des citoyens qui n'ont pas une même croyance , on conviendra sans peine de la justice de notre assertion.

Les moines , premiers instituteurs depuis la renaissance des lettres , l'ont fait passer du pied des autels dans les écoles ; ils l'ont établie partie intégrante de l'éducation, pour se rendre nécessaires : elle est devenue avec le tems un instrument de leurs passions : c'est sur les bancs qu'elle a été tellement défigurée , qu'on peut à peine la reconnoître. Reléguée de nouveau dans le sanctuaire, sa première demeure, elle se dégagera de ces langes gothiques qui la tiennent dans un état de gêne ; qui obscurcissent l'éclat de ses charmes. Lorsqu'elle aura recouvré sa primitive pureté, comme l'astre du jour, elle apparoîtra resplendissante ; précédée par la liberté, secondée par le sentiment , elle subjuguera tous les cœurs par la sagesse et l'évidence de ses principes ; elle les unira par les liens de la fraternité ; elle sera , à la fois, et mieux appréciée , et mieux servie.

Rêve heureux d'une paix universelle ! si jamais tu dois être exécuté, ce sera sans doute par le christianisme épuré : cette charité divine, qui en est la pierre angulaire, peut seule te réaliser ! puisse-t-elle bientôt embraser tous les hommes ; accélérer ton triomphe ! T'entrevoir est un bonheur ! ta seule pensée répand dans l'ame une ineffable volupté ! Peut-il être un mortel sensible, qui ne jouisse d'une douce satisfaction, en songeant au bonheur que tu offres certain pour les générations futures (*h*)!

Non-seulement la religion reprendra son antique lustre, replacée dans les temples ; mais elle laissera plus de tems à l'enseignement d'une morale qui conviendra à tous les hommes.

L'immortalité de l'ame est sans doute le premier principe d'une bonne morale. Mais dire qu'on peut sans elle avoir une morale, ou prétendre qu'on ne peut en parler sans enseigner la religion, c'est se livrer à deux extrêmes, que la raison réprouve, et sur lesquels on a peu réfléchi. *Aristote*, *Platon*, et la plupart des philosophes anciens, ont établi l'existence d'une vie future, d'un Dieu rémunérateur et vengeur, sans entrer dans aucun détail religieux; leur morale, qui reposoit sur ces vérités simples, n'étoit, ni irréligieuse, ni insociale.

Si nous n'aimions à croire que l'utilité évidente de la religion persuadera elle-même

ses

ses plus zélés partisans, de la vérité de nos observations, nous rappellerions ici les témoignages de deux écrivains estimables, qui n'avoient pas d'autre sentiment. *Gedoin* et *la Chalotais* ont pensé et dit, avant nous, que les temples seuls étoient consacrés aux vérités religieuses ; que, dans les colléges, la morale civile devoit remplacer leurs études.

Nous ne nous arrêterons pas à rappeler ici les opinions des plus sages législateurs, sur l'importance de l'éducation publique. Nous n'insisterons pas sur l'urgence où sont nos représentans de s'en occuper au plutôt. S'ils n'ont pas encore fixé sur elle leur attention, ils craindront sans doute les murmures de la jeunesse, les reproches de la postérité. Ils ne termineront pas leur carrière, sans les satisfaire (*j*).

Nous avons formé cet essai de la réunion des idées des plus sages écrivains. C'est au plan d'institution nationale à régler l'administration des maisons collégiales, à distribuer les études diverses de chaque classe. Les *qualités* physiques et morales, les *devoirs* qui conviennent à tous les instituteurs

B

ont été les seuls objets de notre travail ;
nous aurons atteint notre but , si notre ouvrage peut être un MANUEL qui guide dans
leurs choix les citoyens qui seront chargés
de composer les écoles publiques (*k*).

DES QUALITÉS

ET

DES DEVOIRS

D'UN INSTITUTEUR PUBLIC.

Qualités d'un instituteur.

LES artistes, et sur-tout les poëtes, pour donner une haute idée de leur profession, prétendent qu'elle exige des dispositions particulières de la nature. Cette vérité qu'ils se sont appropriée, convient à toutes les occupations, où la réunion des facultés intellectuelles et physiques est nécessaire. L'habitude peut procurer une certaine supériorité dans quelques métiers, mais dans ceux où le moral de l'homme coopère plus que le physique, il faut se sentir entraîné à s'y livrer par un goût impérieux ; il faut trouver son bonheur à les exercer, pour s'élever au-dessus de la médiocrité. Souvent, sans réflexion, suit un goût passager, on s'étourdit sur ses dispositions et l'on s'égare. Le dégoût qui suit de vains efforts, navre le cœur, le décourage. Ce malheur n'arrive pas, lorsqu'on se replie sur soi, qu'on cherche à bien connoître le vrai germe de talent dont on est favorisé, qu'on développe avec soin toutes ses facultés, et qu'on sait préférer une profession à toute autre.

Comme on naît artiste, géomètre, chimiste, on naît donc philosophe, orateur, médecin, instituteur. Il est tems qu'on se persuade de cette vérité trop long-tems méconnue : les poëtes l'ont avancée pour leur seule gloire ; la patrie doit l'établir pour sa prospérité. Si l'on s'en pénètre, elle n'aura pas à se plaindre désormais de cette foule, qui lui seroit plus utile, simples artisans, qu'ignares médecins, littérateurs bornés, ridicules artistes, méprisables instituteurs.

On reconnoît qu'une profession convient à un homme, par la satisfaction qu'il témoigne au fort même de ses peines ; par son empressement à en remplir les devoirs ; par son amour pour elle. Qu'on parcoure les maisons d'institution ; combien trouvera-t-on de maîtres qui chérissent leur profession ? La plupart, pour ne pas dire tous, portent empreints sur leur front les traits de la tristesse : l'ennui semble attaché sur leurs pas : la plainte amère est fixée sur leurs lèvres flétries, où jamais ne voltigea un gracieux sourire : les yeux caves et sourcilleux, l'extérieur triste et austère, tout annonce l'amertume de leurs cœurs. Sans savourer les charmes de leurs fonctions, ils n'en connoissent que les peines : ils n'en parlent jamais avec cette affection, cet enthousiasme de ceux qui les rempliroient de cœur ; qui y seroient portés par la nature. Accablés sous le fardeau de leurs devoirs, les remplir n'est jamais un besoin pour eux ; s'y soustraire, ou n'y satisfaire qu'en partie, est un soulagement. La retraite que la patrie leur accorde, après un espace de tems, est moins la récompense de leurs talens que de leur constance. Comment espérer une bonne éducation de pareils instituteurs ? ils ne peuvent que faire passer dans l'ame de leurs élèves, l'ennui qui les poursuit ; aux difficultés de l'étude ajouter encore le dégoût.

Le passé doit éclairer pour l'avenir. Des candidats pourront se présenter avec des apparences de dispositions et de moyens : outre l'inclination qu'ils diront ressentir pour la profession d'instituteur, on doit examiner encore s'ils ont les qualités du cœur et de l'esprit, qui seules peuvent répandre sur les études, et dans les classes, un charme qui captive les élèves, leur fasse profiter des soins de l'instituteur.

Les principales qualités du cœur sont la douceur, l'affabilité, la modestie et la patience.

QUALITÉS DU COEUR.

La douceur et l'affabilité.

Cet amour vif pour la liberté, qui suit l'homme dès le berceau jusqu'au bord de la tombe, aigrit, pour l'ordinaire, les enfans contre leur maître. Ils ne se soumettent qu'avec répugnance ; et, si l'on n'emploie les plus grands ménagemens, l'espèce d'inimitié qu'ils ont pour les prétentions qu'on annonce à les forcer d'obéir, s'étend jusque sur les études. Rarement la douceur et l'affabilité sont mises en usage sans un heureux effet. La première de ces qualités, utile même dans la société, est nécessaire auprès de l'enfance, en qui on a mille défauts à corriger, mille imperfections à faire disparoître, une nature vicieuse à améliorer. L'affabilité, qui pour l'ordinaire est l'expression de la douceur, est d'autant plus nécessaire, qu'elle frappe les sens délicats de l'enfance. Elle s'empressera de satisfaire un maître, qui lui parle le sourire sur les lèvres ; qui ne lui adresse que des paroles encourageantes ; qui ne lui fait des remontrances qu'avec une affectueuse sensibilité ; qui semble craindre de l'attrister ; qui, lors même qu'il punit, semble regretter d'être forcé à faire usage des châtimens.

La modestie.

La vanité, cette foiblesse de l'humanité, qui se trouve dans tous les cœurs et ne plaît à personne, déplaît sur-tout à l'enfance. Si l'on pense lui en imposer par des dehors de fierté, l'on se trompe. On se fait craindre, sans se faire estimer. Elle aime qu'on descende jusqu'à elle ; qu'on paroisse oublier sa supériorité, pour se rapprocher de sa foiblesse : elle chérit un maître qui ne paroît occupé que de son instruction, et qui, tout en la faisant obéir, ne choque pas son amour-propre.

Ce principe des vertus et des vices, se trouve dans la jeunesse dans toute sa force. Le devoir d'un instituteur est d'apprendre à modérer ses élans ; d'accoutumer ses élèves à se refuser à ses impulsions. La modestie est plus propre à faire ressortir et estimer les talens : à faire apprécier, combien la fierté est souvent choquante et ridicule ; combien on doit se prémunir contre une présomption aveugle qu'enfantent pour l'ordinaire les premiers succès.

Le jeune homme qui s'est habitué à ne pas offenser ses semblables par une indécente vanité, qui dans ses succès se contente des satisfactions intérieures, semble se refuser aux témoignages d'estime qu'il mérite, se concilie bientôt les suffrages même de ses rivaux. Il entretient dans la société un esprit de paix, qui donne une nouvelle force à l'émulation. Il n'est personne qui ne puisse apprécier les avantages de la modestie : nous espérons aussi qu'on n'oubliera pas de la rechercher dans ceux qui s'offriront pour former la jeunesse.

La patience.

La nature fait un besoin d'agir à l'enfance. Modérer son activité, qui, dans l'étude comme dans les jeux, nuit aux succès, exige dans un Instituteur un calme extraordinaire ; sans

chagrin , ni impatience , répéter et faire répéter les mêmes préceptes ; expliquer à plusieurs reprises les mêmes difficultés , pour les
graver profondément dans une tête encore
légère : telle est la tâche pénible qu'il a à
remplir.

Quoiqu'attentifs en apparence , les élèves
peuvent être détournés par leur imagination ;
écouter sans profiter. Le grand art alors
est de feindre ne pas les voir ; de les
mettre dans la nécessité d'avouer leur inat-
tention par des questions inattendues.

Mais si la légèreté de quelques élèves exerce
la patience , l'indolence de quelques autres
ne l'exige pas moins. Il en est qui , soit par
l'engourdissement des facultés intellectuelles ,
soit par quelques autres imperfections de la
nature , en travaillant beaucoup, ne font que
des progrès très-lents. Il faut une constance
bien rare, pour ne pas se décourager , pour
s'attacher à leur procurer des succès. Plus à
plaindre qu'à blâmer, qu'on se garde sur-
tout de leur témoigner ni mépris , ni colère :
le moindre emportement peut augmenter leur
fâcheuse inertie. Si pour tous les élèves il
faut donner des charmes à l'étude , pour
ceux-ci sur-tout c'est un devoir indispensa-
ble de la rendre facile et agréable.

Qualités de l'esprit.

Les qualités du cœur sans celles de l'esprit ne sauroient suffire : les unes et les autres sont nécessaires. Ces dernières sont au nombre de quatre ; savoir, la méthode d'instruction, la grammaire, la morale et l'histoire.

Si après avoir fréquenté les colléges pendant ses premières années, on entre dans la société sans avoir aucune connoissance précise, c'est que la méthode en usage, bien loin de vous introduire dans le sentier des connoissances, en détourne. On commence les études par des élémens de sciences, qui ne sont que des résultats d'observations. On ne réfléchit pas que les principes généraux, bons pour les hommes déja instruits, ne sont pas propres à l'enfance. Sans doute on se riroit d'un professeur de calcul, qui enseigneroit d'abord les plus fameux problêmes de mathématique, pour faire descendre ensuite aux premières règles d'arithmétique. C'est cependant ainsi qu'on s'est conduit jusqu'à ce jour, dans l'instruction collégiale. Aussi ne sortoit-on des colléges qu'avec des notions superficielles. Le premier soin des élèves studieux étoit-il de reprendre leur éducation sous œuvre : Dans cette nouvelle instruction , il se gardoit bien de suivre la méthode de leurs premiers maîtres ; il ne commençoit pas par des principes généraux , et l'acquisition des connoissances étoit plus agréable et moins pénible.

Le succès évident de cette éducation privée, auroit dû ouvrir les yeux sur l'insuffisance de celle des colléges. Si jusqu'à ce jour le préjugé d'antiquité a milité contre les réclamations des plus sages observateurs, graces aux progrès de la saine raison, elle ne conservera pas seule des vices aussi funestes. Elle, qui doit assurer le triomphe de la constitution, peut-elle rester sans réformes ? Il est temps que la philosophie, qui a préparé les voies à la liberté, ne soit plus bornée à indiquer de loin la route que nous devons suivre ; qu'elle s'arroge aussi l'exercice de ses droits précieux ; qu'à la lueur de son flambeau, nous puissions parvenir au sanctuaire des connoissances et de la vérité.

Les principes généraux ne sont que les conséquences des observations combinées : il faut avoir fait ces observations pour bien les entendre. Bacon, Locke, et quelques autres métaphysiciens ont réclamé en faveur de leur méthode. Condillac sur-tout l'a développée avec avantage (*l*).

« L'unique méthode d'instruction est, dit-il, de conduire les élèves de ce qu'ils savent à ce qu'ils ignorent Pour le faire avec succès, il faut que l'instituteur semble n'avoir aucun systême ; qu'il commence avec eux, qu'il aille d'observations en observations comme s'ils faisoient ensemble des découvertes. Il faut sur-tout qu'il leur fasse connoître l'usage de leurs facultés intellectuelles ; qu'il leur fasse sentir le besoin de s'en servir. Ces facultés sont les mêmes dans les enfans que dans les hommes, si ce n'est qu'elles sont moins développées ; ce qui ne peut être que par un grand exercice. Ils en font cependant usage tous les jours. On peut leur faire observer ce qui se passe en eux, lorsqu'ils font des raisonnemens. Avec ces premières remarques, ils exerceront leurs facultés avec plus de connoissance ; ils seront plus curieux de les exercer ; ils se feront enfin une habitude de leur exercice.

» Dès qu'on aura fait connoître aux enfans l'usage de leurs facultés spirituelles, ils n'ont plus qu'à être bien conduits pour saisir le fil des connoissances humaines. Pour les suivre dans leurs progrès, depuis les pre-

miers jusqu'aux derniers ; pour apprendre
en peu d'années ce que les hommes n'ont
appris qu'en plusieurs siècles, il suffira de
leur faire faire des observations, lorsqu'ils
seront à portée d'en faire ; et lorsqu'ils ne
pourront pas observer par eux-mêmes, de
leur faire lire l'histoire des observations qu'on
a faites.

» Cette méthode a de grands avantages ;
elle proscrit les sciences élémentaires, qui
nous arrêtent sans nous instruire ; qui s'oc-
cupent de mots et de notions abstraites ; elle
écarte les dégoûts qu'on éprouve , lorsque
dès ses premiers pas on rencontre des obstacles ; lorsqu'on se voit condamné à surchar-
ger sa mémoire de mots qu'on n'entend pas;
lorsqu'on se voit puni pour n'avoir pas re-
tenu ce qu'on n'a pas senti, la nécessité d'apprendre ; elle éclaire au contraire prompte-
ment, parce que, dès la première leçon ,
elle conduit de ce qu'on sait à ce qu'on ne
savoit pas ; elle excite la curiosité ; elle fait
juger aux connoissances qu'on acquiert, la
facilité d'en acquérir d'autres. L'amourpropre-
flatté de ses progrès désire d'en faire encore;
elle instruit enfin , presque sans effort, parce
qu'au lieu d'etaler des principes , elle réduit
la science à l'histoire des observations et des

découvertes. Comme elle est la même dans chaque étude, elle devient tous les jours plus familière. Plus on s'instruit, plus on a de facilité à s'instruire ».

Un autre préjugé que celui de l'antiquité de l'usage, s'est opposé à l'admission de la méthode nouvelle. Les enfans, dit-on, sont incapables de raisonner. Apprendre et retenir, n'exige aucune opération d'esprit et de raisonnement ; c'est une affaire de pur mécanisme ; et ils ne sont pas coupables de la contention d'esprit que demande un jugement. A cette espèce de raison péremptoire, nous opposerons d'abord le sentiment du respectable Rollin. « Les jeunes-gens, dit-il, aiment à se voir traités en gens raisonnables ; ils prennent d'eux une bonne opinion qu'on doit avoir soin d'entretenir, en leur offrant tous les moyens de la conserver ». (m)

Le passage suivant de notre compatriote, qui démontre, d'une manière victorieuse, que les enfans sont suceptibles d'observer et de raisonner, est trop propre à convaincre, pour que nous ne nous empressions pas de le transcrire.

» Nous ne jugeons des objets au tact, que parce que nous avons appris à en juger. Une grandeur n'est déterminée que par les rapports qu'elle a avec une autre. Pour appercevoir ces rapports, il faut rapprocher les grandeurs. Le résultat naturel de ce rapprochement, est un jugement. Dès l'instant qu'un enfant a l'usage de ses sens, il sent, rapproche, juge ; opérations qui constituent le raisonnement : dès l'instant donc qu'un enfant existe, il raisonne.

« Ses besoins sont les motifs qui le déterminent à observer. Il se trompe quelquefois ; mais ses erreurs même prouvent qu'il raisonne. Nous nous aveuglons au point de ne pas voir un raisonnement, parce qu'il n'est pas développé avec les termes convenus : cependant, il est tout fait dans l'esprit, avant qu'il soit énoncé. L'expression ne le fait pas, mais elle le suppose. Il y a donc un raisonnement dans l'esprit d'un enfant, toutes les fois que nous y remarquons une idée, qu'il n'a pu acquérir qu'en raisonnant.

» Non-seulement les enfans raisonnent ; mais guidés par la nature, ils se conduisent mieux que les philosophes se conduisent communément ; ils vont du connu à l'inconnu : jugeant d'après leurs observations, ils montrent une sagacité, qui surmonte jusqu'aux obstacles que l'on met au développement de leur raison ; ils ont déja fait de grands progrès, lorsqu'ils commencent à parler. Ils en feroient sans doute encore, si, lorsque nous entreprenons de cultiver leur esprit, nous commencions par leur faire remarquer comment ils se sont instruits tout seuls; et si, après leur avoir fait sentir que la méthode qui leur a donné des connoissances, peut leur en donner encore, nous les conduisions d'observations en observations, de jugemens en jugemens, de conséquences en conséquences; mais parce que nous ne savons pas nous mettre à leur portée, nous les accusons d'être incapables de raison, et cependant notre ignorance fait seule toute leur incapacité *(n)* ».

D'après cette démonstration du plus savant métaphysicien de ce siècle, refusera-t-on encore de la raison aux enfans? Disconviendra-t-on que sa méthode seule peut accélérer le développement des facultés intellectuelles? Un homme de génie, dans le dix-huitième siècle, dissipa les brouillards de la scholastique, dégagea la logique de ces subtilités, de ces arguties qui la défiguroient. Ce qu'Antoine Arnaud fit dans son tems, pour la logique, la grammaire, la géométrie, Condillac ne peut-il le faire, pour l'éducation elle-même? L'utilité publique se réunit aux progrès des lumières, son génie règne

règne seul désormais dans les maisons d'institutions *(o)* !

De la grammaire.

Il ne suffit pas de retenir les règles élémentaires de construction, les expressions les plus usitées, pour se flatter d'être grammairien. La mémoire n'est qu'une faculté secondaire. Pour étudier l'art de parler avec fruit, il faut connoître les opérations de notre entendement ; comment, après avoir acquis des idées, nous sommes sûrs que nos expressions les rendent. Pour ce travail, la grammaire perd de sa sécheresse ; devient un étude aussi agréable que facile *(p)*.

» Les langues ne sont que des méthodes analytiques, dit encore Condillac. La parole a succédé au geste, et, l'un et l'autre, sont fondés sur l'analyse de la pensée et l'analogie des expressions avec les idées. La science appelée grammaire assigne, les principes et les règles de ses méthodes. L'on ne peut donc se flatter d'être grammairien, si l'on ne le connoît d'abord.

L'art de parler, d'écrire, de raisonner et de penser ne font qu'un.

» Je ne saurois exprimer un jugement avec

C

des mots. Si, dès l'instant que je vais prononcer la première syllabe , je ne voyois pas déja toutes les idées dont mon jugement est formé; si elles ne s'offroient pas toutes à la fois, je ne saurois par où commencer, puisque je ne saurois pas ce que je voudrois dire. Il en est de même lorsque je raisonne; je ne commencerois point, ou je ne finirois pas un raisonnement, si la suite des jugemens qui le compose n'étoit pas en même-tems présente à mon esprit.

» Nous apprenons à parler, parce que nous apprenons à exprimer, pour des signes, les idées que nous avons, et les rapports que nous appercevons entre elles. Un enfant n'apprendroit donc pas à parler, s'il n'avoit pas déja des idées; s'il ne saisissoit pas déja des rapports. Il juge donc et raisonne avant de savoir aucun mot de la langue; mais parce que la pensée est l'opération d'un instant; qu'elle est sans succession , qu'il n'a pas de moyens pour la décomposer; il pense sans savoir ce qu'il fait en pensant. Si une penseé est sans succession dans l'esprit, elle en a une dans le discours, ou elle se décompose, en autant de parties qu'elle renferme d'idées. Alors nous pouvons observer ce que nous faisons en pensant. Nous pou vous nous en rendre compte : nous pouvons par conséquent apprendre à conduire notre réflexion. Penser devient donc un art, et cet art est celui de parler. Autant la faculté est bornée dans celui qui n'analyse pas, autant elle doit s'étendre dans celui qui analyse et observe jusqu'au plus petit détail. Un enfant qui ne parle pas est très-borné ; mais en apprenant à exprimer ses jugemens par des mots, il apprend à les observer partie par partie ; il apprend ce qu'il fait quand il juge, et devient plus habile à juger. L'art de penser est par conséquent pour lui l'art de parler, à qui il devra le développement de ses facultés spirituelles et le progrès de ses connoissances.

» Voilà pourquoi l'art de parler doit être considéré comme une méthode analytique qui conduit d'idées en idées, de jugemens en jugemens, de conséquences en conséquences. Ce seroit en ignorer le premier avantage, que de le regarder seulement comme un moyen de communiquer nos pensées ».

En considérant ainsi cette étude, elle ne rebutera plus par des mots abstraits, vagues et inintelligibles. Il seroit même à désirer que les maîtres de toutes les classes fussent assez mataphysiciens pour réunir aux préceptes de

construction, au choix des termes, à l'élé-
gance et l'harmonie des phrases, la connoissance parfaite de la signification de chaque terme, des acceptions différentes dans
lesquelles ils peuvent être pris. Aux ressour-
ces d'une mémoire heureuse, s'ils peignoient
une conception vive et nette, qui n'offre
que des idées justes, une intelligence profonde, qui saisit les fautes des grands-maî-
tres; une grande liaison dans les idées qui
accoutume les élèves à ne pas isoler leur
conception, à les réunir, à les enchaîner,
à en former enfin un systême, ils posséde-
roient, pour l'instruction publique, le plus
grand talent.

De la morale civile.

De la loi naturelle, qui, gravée dans le
cœur du Sauvage, suffit pour lui faire pratiquer le bien, les hommes ont tiré des conséquences simples et vraies, qui forment
l'étude de la morale, ou, à proprement
parler, l'enseignement de la vertu.

Quoique toutes les constitutions politiques
reposent sur cette loi primitive et commune
à l'espèce humaine; elle est modifiée si di-
versement, qu'elle est à peine reconnoissable;

elle ne subsiste que dans des conséquences, qui varient avec les gouvernemens, et qui forment ce qu'on entend par morale civile; elle est plus restreinte en Turquie qu'en Allemagne; en Allemagne, qu'à Venise; à Venise, qu'en France.

Les droits naturels et impérissables de l'homme, sont la base sur laquelle repose notre constitution. Bien loin de leur être contraire, les loix doivent servir à leur développement. Aussi la morale civile des Français, n'est-elle autre maintenant que la morale universelle. On en trouvera les principes dans le sein de la jeunesse, que la société n'a pas encore perverti; et il suffira de les lui faire connoître pour qu'elle les suive avec plaisir.

Ce seroit faire outrage à la nation, que d'insister sur la nécessité de cet enseignement qui doit remplacer celui de la religion, qui doit se trouver dans les écoles primaires comme dans les hautes classes, qui peut seul enfanter des citoyens vertueux.

Il est peu d'écrivains qui n'aient consacré quelques veilles à la morale: il seroit injuste d'exiger qu'un instituteur les connût tous; il doit seulement ne pas ignorer ceux qui peuvent le seconder dans l'enseignement, pour en conseiller la lecture aux élèves: *Platon*, *Épictète*, *Marc-Antonin* doivent leur être connus. Mais le livre par excellence, d'où l'on peut extraire les préceptes les plus sûrs et les plus vrais; c'est cet ouvrage que la divinité a laissé aux hommes, assez insensés pour en méconnoître la sublimité. Les vertus et les devoirs qui n'ont pour base que des conventions sociales, ont-ils jamais été mieux dévelopées que dans l'évangile? Quel sage de l'antiquité a prêché aux hommes avec cette effusion de cœur, cette persuasion touchante, la charité, cette vertu divine sur laquelle le messi a fondé sa doctrine? Vainement opposeroit-on l'abus qu'en ont fait des prêtres ambitieux : diroit-on que la morale de *Platon* est perverse, parce que quelque disciple en a abusé? Non sans doute. Pourquoi ne pas être aussi juste envers celle de l'évangile. Prêché et défendu par Fénelon et J. J. Rousseau, quel est l'homme qui refusera de l'adopter (*q*)?

Les nouvelles loix doivent protéger la jouissance des droits de l'homme, en n'y apportant d'autres modifications que celles qui sont dictées par les besoins de l'intérêt de tous. Cette vérité, le principe de tant d'associations, qui l'est également de la morale, se trouve sur-tout démontrée par l'histoire.

De l'histoire.

» Ne considérer l'histoire que comme un amas de faits, qu'on range par ordre de date, dans sa mémoire, s'est dit l'austère Mabli ; ne satisfaire qu'une vaine et puérile curiosité, qui décèle un petit esprit, qui ne convient qu'à un pédant. Que nous importe les erreurs de nos pères, si elles ne servent pas à nous rendre plus sages ? Cherchons à former notre cœur et notre esprit ; par la succession des évènemens qu'elle présente. L'histoire doit rendre la jeunesse studieuse en augmentant sa curiosité , etc. (r).

Elle doit être , pour toute la vie , une école où l'on s'instruit de ses devoirs de citoyen : c'est elle qui , par des peintures vives du mépris qui suit le vice , de la considération qui accompagne la vertu , nous prémunit contre les séductions de l'un , nous fait chérir la pratique de l'autre ; c'est elle qui nous démontre tout l'avantage d'une bonne constitution politique , qui , par le prix qu'elle accorde aux bonnes actions, leur donne un nouveau lustre ; procrée les héros.

Pour que les élèves en retirent les plus

grands avantages, il faut que l'instituteur aie cette sagacité rare qui fait pénétrer les causes des évènemens , prévoir les suites qu'ils doivent avoir; cette philosophie qui, saisissant l'enchaînement qui se trouve entre les principaux évènemens et les moins apparens, en fait ressortir des réflexions profondes sur les vicissitudes humaines. Si le patriotisme le plus pur ne règne pas dans son cœur, cette étude est nulle; s'il en est enflammé, au contraire, il saura faire sentir aux élèves combien les vertus de chaque citoyen influent sur la prospérité commune; il ne laissera échapper aucune occasion de relever les actions vertueuses; leur en fera contracter le plus pur amour : il éprouvera sur-tout un charme délicieux, en leur fesant parcourir l'histoire de la Grèce et de Rome. Sparte, heureuse par ses loix austères, lui fournira la preuve, que la société n'est redevable de sa félicité et de sa gloire, qu'aux vertus individuelles des citoyens. Elle fut un modèle de république, tant que l'avarice et l'ambition, que *Licurgue* avoit proscrites, furent étrangères aux Spartiates. Lorsque l'intérêt particulier succéda à celui de la patrie , Lacédémone , déchirée par ses propres enfans, perdit de son empire et de ses charmes : elle avoit , jusqu'alors , aparu comme un astre radieux ; elle s'éclipsa d'elle même ; fut confondue dans la foule des villes voisines , où les dissentions domestiques étouffoient le patriotisme préparoient la servitude de la Grèce ; le triomphe du peuple-roi.

La prospérité et la décadence de Rome ; les malheurs de l'empire et des divers états qui s'élevèrent sur ses ruines ; cette succession de la liberté au despotisme militaire ; de ce dernier aux dévastations des barbares du nord ; le cahos qu'offre les siècles d'ignorance et de carnage ; cette étrange institution , qui rendit un seul homme propriétaire de plusieurs de ses semblables : quelle réflexion ne suggérera pas à l'ami des hommes ce tableau douloureux de l'humanité ?

Comme l'histoire offre une égale instruction , et à celui qui se livre aux pénibles métiers ou à la culture des champs , et à celui qui s'occupe du dévelopement de ses facultés intellectuelles ; elle doit-être enseignée dans les écoles primaires , comme dans les hautes classes , ainsi que la morale et la grammaire. Ce n'est pas qu'on puisse obliger les instituteurs des premières classes , à faire un cours complet ; on doit seulement exiger qu'ils donnent à leurs élèves une idée de l'avantage qu'on peut retirer de cette étude ; qu'ils saisissent des momens favorables pour leur lire l'histoire particulière de quelques hommes célèbres ; qu'ils leur tracent une marche sûre, pour faire avec fruit un cours complet de l'histoire du globe ; qu'ils soient enfin en état de leur indiquer les meilleurs ouvrages à étudier.

DEVOIRS D'UN INSTITUTEUR.

UNE classe est une espèce de république, dont le maître est à la fois le chef et le législateur ; il ne peut se flatter de la bien gouverner, qu'autant qu'il possédera les qualités que nous avons essayé de dévolopper ; qu'il remplira avec une scrupuleuse attention, les devoirs sacrés de sa place.

Les caractères, les dispositions, les talens sont aussi divers dans les enfans que les traits de leur figure. La première et la plus essentielle des obligations d'un instituteur, doit être d'étudier ses différences, qui doivent seules les conduire dans son enseignement. Il est des nuances, des caractères multipliés et peu faciles à saisir. Il en est de si frappantes, qu'on parvient à les connoître au premier coup d'œil. Celui qui a pour partage la vivacité et la franchise, se devine sans difficultés. Celui qui a reçu de la nature une humeur sombre, un esprit taciturne, qui joint à une figure douce, une âcreté de caractère, qui rénd opiniâtre, envieux et méchant, exige une attention continue, se développe lui-même, mais lentement. Il ne faut pas se prémunir contre lui, soit que son visage calme et doux puisse séduire.

La folle ardeur de l'un, qui veut tout savoir, et dans sa vivacité n'apprend rien ; la nonchalance de l'autre, qui demande du tems et des soins pour le développement de ses facultés, exige de la part de l'instituteur cette patience que nous avons recommandée. On ne doit pas faire un crime de ces deux défauts, qui souvent viennent d'un naturel qu'il ne faudra que modérer pour corriger. En retenant la pétulence du premier, on peut faire germer l'émulation dans le cœur du second, à qui l'on ne doit pas témoigner de l'aigreur, à qui l'on doit au contraire plus de soins en raison de sa faiblesse. Il aura reçu un bien mauvais caractère, si s'appercevant de l'attention qu'on lui prodigue, de la peine qu'on prend pour lui procurer des succès, il ne redouble pas de zèle, il est peu empressé de seconder son instituteur, par son activité.

Comme il est plus à plaindre qu'à blâmer, il ne faut pas se rebuter de sa lenteur ; pour élever son ame, pour lui donner de l'ardeur au travail, il ne faut négliger aucun moyen, aucun ménagement. Il faut recourir aux punitions flétrissantes, après avoir vainement

employé les louanges et les récompenses ho-
norables. Mais tout en le châtiant, il faut
toujours lui laisser voir que c'est avec peine
qu'on a recours à ce moyen extrême ; qu'il
peut, s'il en a la ferme volonté, se soustraire aux punitions.

On ne sauroit se flatter de changer abso-
lument les caractères : ce seroit une entreprise ridicule que d'y prétendre. Il faut se
borner à modifier les inclinations dominantes,
les vices du cœur, tels que la duplicité,
la médisance, l'envie, le penchant à la rail-
lerie : c'est dans la volonté qu'est leur ori-
gine ; c'est à elle qu'on doit s'en prendre ;
il faut avec soin l'éclairer. Quand aux étour-
deries, on doit se borner à en faire sentir
tout le ridicule. Un élève en qui l'on aura su
entretenir l'amour des louanges, le désir de
l'estime, ne craindra plus de commettre une
action méprisable : le blâme seul lui fera
éviter le vice ; et ainsi l'on profitera de son
amour-propre. Sans être grondeur, il faut
néanmoins observer combien une action peut
influer sur l'opinion, selon qu'elle sera loua-
ble ou honteuse.

La première occupation de tous les écoliers
est de sonder leurs maîtres ; de chercher à
connoître ses foiblesses ; de le mettre en

défaut pour le maîtriser ensuite. Il n'est aucun artifice qu'ils n'emploient pour le dominer. Il faut à leurs efforts opposer une grande prudence ; ne leur laisser jamais voir ni sentimens, ni mouvemens blamables ; sans annoncer une molle douceur, une aveugle indulgence, une modestie trop simple ; il faut leur montrer une fermeté noble sans rigueur, riante sans familiarité ; une modestie majestueuse, qui fasse croire aux talens qu'on ne laisse qu'entrevoir lorsqu'ils se sont épuisés en ruses inutiles ; ils se soumettent bientôt sans peine ; ils conçoivent de leurs instituteurs une haute opinion ; ils lui obéissent à l'envi, finissent par le révérer et le chérir.

De l'impartialité.

Le législateur qui, dans toute société, a rempli les fonctions de père de famille, doit regarder tous les individus qui la composent, comme ses enfans. De même, l'instituteur doit avoir pour ses élèves des sentimens paternels ; il doit à tous une affection égale, et fonder sur elle une partie de ses succès. C'est par elle qu'il doit acquérir cet ascendant, que, ni l'âge, ni la taille, ni la voix, ni l'extérieur austère ne pourroit procurer.

Il est difficile de ne pas se prévenir favorablement pour celui des écoliers, qui, par son enjouement et ses talens précoces, s'enlèvent les suffrages. Sans s'en douter, on lui témoigne une affection particulière : on a une sollicitude plus vive pour ses progrès ; mais qu'on se garde de se livrer ainsi à une prédilection trop évidente ; qu'on craigne d'exciter les murmures ; qu'on sache modérer et cacher ce qu'on auroit tant de joie à exprimer. Rendre justice au mérite est délicieux sans doute ; mais que la crainte de paroître partial doit concentrer en quelque sorte ces sentimens dont le favorisé pourroit abuser.

En appréciant les premiers succès, on doit avoir soin de rapeller à ceux qui ont le moins réussi, qu'ils ont un même droit aux éloges, qu'ils peuvent également les obtenir. On doit tout employer pour entretenir l'émulation : ceux-même qui sont le moins fortunés, doivent paroître exciter des sollicitudes, qui seules peuvent encore les encourager, leur laisser quelqu'espoir. On peut, dans leurs foibles essais, trouver matière à louanges ; et l'on doit s'en servir pour les enhardir ; leur persuader qu'ils ne sont aussi loin du but, qu'ils pourroient croire.

En compatissant ainsi aux foiblesses des

tempérammens lents, il est rare qu'on ne parvienne à leur donner quelqu'émulation. Si l'instituteur possède sur-tout les qualités que nous avons exposées; s'il sait se faire aimer, lui plaire deviendra un besoin à tous les élèves, qui se disputeront ses faveurs, n'oublieront rien pour obtenir son amitié.

Si l'on doit se garder des prédilections, dans la distribution des encouragemens, on doit sur-tout n'en pas montrer dans la punition. Que l'équité la plus intègre, paroisse guider : que les châtimens soient proportionnés aux délits. Celui que des succès ont honoré, doit être puni plus sévèrement que ceux qui n'ont pas été comme lui aussi heureux. Si ses fautes étoient moins gravement réparées, il pourroit abuser des droits du succès ; s'en prévaloire pour être moins reservés ; son orgueil seroit flatté de la différence qu'on observeroit à son égard : tout, en l'accoutumant à l'impunité, on donneroit à son amour-propre une énergie d'autant plus redoutable, qu'elle seroit contraire aux principes d'égalité.

Si celui qui n'a pas reçu de la nature des talens précoces, des dispositions particulières, est châtié comme celui qui en a reçus, il n'attribuera pas son châtimement à l'humeur,

meur; il ne se découragera pas; l'équité qu'on observera à son égard augmentera son envie de réussir. Ses fautes, punies sans aigreur, ni passions, lui serviront. Bien loin de jetter le découragement dans son ame, elles ne feront que lui donner une nouvelle énergie.

De la loyauté.

Proscrit par la religion, le mensonge l'est encore par les loix civiles. Nos bons ayeux nous prouvent par leur point d'honneur, qu'ils ne démentoient jamais l'expressive, signification de leurs noms. Si la franchise, qui fut pour eux un besoin, dans des jours de servitude et de perversité, parut proscrite, c'est à l'éducation à la faire germer dans les jeunes cœurs. Sous le régime de l'égalité, les Français doivent s'accoutumer à dire et entendre la vérité.

Pour empêcher les enfans de se livrer au mensonge, l'instituteur doit d'abord leur témoigner lui-même une loyauté exemplaire : ne leur tenir que des discours vrais, qui soient la sincère expression de ses sentimens : que, fidèle à sa parole, sur-tout, il ne s'engage jamais imprudemment. Que pour les récompenser, comme pour les châtimens, il

soi exact à remplir ses promesses. Qu'il leur
fasse bien sentir la noblesse qu'on doit mettre à ne jamais manquer à ses engagemens;
qu'il les dispose enfin, à ressentir cette satisfaction pure qu'éprouve l'honnête homme,
dans l'accomplissement de ses devoirs

On peut observer que la politesse ou l'art
de déguiser ses secrets sentimens, a l'égoïsme
pour principe. C'est pour soi qu'on prodigue
au pervers, ce qu'on lui denie au fond du
cœur. Les suites funestes de cette fausse délicatesse doivent enfin ouvrir les yeux. Quiconque est vertueux, a droit aux louanges ;
qui ne l'est pas, en doit être privé. Pourquoi ne pourrois-je pas avouer à un homme
que je le méprise, comme je lui dirai que
je l'estime ? La liberté d'opinion est décrétée,
et l'on dispute encore de fourberie et de
mensonge ! Jusques à quand aura-t-on à craindre d'être victime de sa sincérité ? Sans être
obligé de s'entr'égorger ; quant pourra-t-on,
sans ménagement, s'avouer ses plus secrètes
pensées ? C'est à l'éducation seule à disposer
l'esprit à cette vertu, qui doit nécessaire-
ment multiplier les bons citoyens : rendre
le criminel aussi docile à s'entendre méses-
timer et blâmer, que l'homme vertueux à
s'entendre louer.

Mœurs.

L'accomplissement de chacun des devoirs que la société impose, constitue la vertu : l'exactitude à les remplir tous, constitue les mœurs. Celui qui paye ainsi son tribut à la patrie, se concilie l'estime générale chez tous les peuples policés, il est distingué par l'opinion ; les suffrages sont bientôt unanimes à son égard.

Il est à désirer pour la prospérité publique, que le grand nombre soit vertueux. Plus les partisans du vrai et du juste affluent, plus la société est heureuse et tranquille. On doit sur-tout veiller sur la jeunesse, pour qu'elle ne contracte pas des habitudes et des sentimens vicieux. Comme elle se forme sur son maître, on ne sauroit lui offrir un trop parfait modèle.

Le vice le plus funeste à la société est l'égoïsme ; il domine encore la plupart des citoyens, qui se laissent séduire par le fol espoir dont il nourrit leur imagination. Ils croient à chaque instant jouir d'une félicité chimérique, dont ils s'éloignent de plus en plus. Pour prémunir la jeunesse contre ses séductions, il faut lui faire sentir les délices de la charité.

Le patriotisme dont nous nous glorifions, n'est autre que cette vertu restreinte à notre société. On est plus que patriote, lorsqu'on l'adopte et qu'on la pratique dans toute son étendue. L'amour de la patrie ne nous fait entrevoir de félicité, que dans celle de nos concitoyens ; elle ne la fait trouver que dans celle de l'espèce humaine. Ces liens de la fraternité, qui peuvent seuls enchaîner la liberté, elle les étend sur tous les hommes ; elle n'admet ni distinctions de classes, ni différence de gouvernement dans son affection ; elle ne connoît aucune borne ; elle ne voit que des égaux dans tous les êtres raisonnables. L'Hottentot et l'Iroquois, le Patagon et le Lapon sont tous à ses yeux les enfans d'une même famille. Vainement a-t-on voulu lui opposer des vertus humaines ; elle surnagera aux efforts de ces sectaires qui la proscrivent, parce qu'elle est la pierre angulaire de la religion du Christ.

Capricieuse dans ses dons, la nature accorde à chaque homme un caractère et un tempéremment qui s'influence réciproquement. Tel est bilieux, qui a reçu en conséquence de la causticité et de l'aigreur ; tel est sanguin, qui se trouve vif, léger, etc. Ainsi la diversité des caractères, provient de la différence

des tempéremmens. Le contraste des inclinations, est produit par la conformation iné-
gale des moyens physiques. Les nuances
étranges et multipliées dans chaque élève, exige
d'un instituteur une grande sagacité, pour
connoître ses véritables dispositions, pour
employer les moyens les plus sûrs pour
leur faire pratiquer et chérir la vertu. Il
est responsable des vices qu'ils contractent.
Pour éviter de justes reproches, il ne doit
pas se lasser de faire connoître les charmes
de la pratique des mœurs, de pénétrer les
élèves des satisfactions intérieures qu'elle
assure.

La charité renferme la bienfaisance, qui
peut être appréciée tous les jours. Les
malheurs de la misère s'offre à nos regards
à chaque instant; on ne peut faire un
pas sans rencontrer quelque tableau de l'in-
firmité humaine. On ne peut de trop bonne
heure ouvrir à la compassion le cœur de
l'enfance; on ne peut trop cultiver cette sensibilité que la nature a mise dans le cœur
de tous les êtres raisonnables; mais qui se
fait entendre selon qu'on a soin de la dé-
velopper et de suivre ses impulsions. En
lui offrant un frère dans un indigent, ou
un infirme; en lui apprenant, par un re-

tour sur elle-même , à se contenter des jouissances intérieures que la bienfaisance procure , on l'habituera à être humaine sans ostentation , généreuse sans vanité.

Nous avons exigé d'un instituteur de l'équité, de la loyauté, de la modestie. Les élèves se modélant sur leurs maîtres , s'accoutumeront à pratiquer , et même à chérir les vertus, s'il a soin de leur prouver , par sa conduite, qu'elles sont utiles et seules propres à mériter la considération des hommes. En procurant à la société des citoyens justes , vrais , modestes , bons , il aura rempli sa tâche ; il pourra terminer sa carrière sans regrets, se flatter même d'avoir bien mérité de la patrie.

Des châtimens et des récompenses.

L'utilité de l'étude est plus réelle qu'évidente , sur-tout pour la jeunesse, qui pour être laborieuse a besoin d'autres motifs. Doué des qualités requises pour ses fonctions , un instituteur qui remplira ses devoirs avec exactitude ; qui, le sourire sur les lèvres, n'emploiera l'éloge ou le blâme qu'en temps propice ; qui témoignera toujours qu'il est sincère et juste, parviendra sans doute à obtenir l'estime de toute une classe, et la vénération qu'on lui vouera, doit exciter l'émulation. Mais cette envie de lui plaire peut ne pas animer également tous les élèves. Il peut être obligé de recourir aux châtimens et aux récompenses. Dans l'emploi de ces divers moyens, pour rendre les leçons utiles, il faut encore faire un choix, suivre certaines règles sans lesquelles ils seroient inutiles.

Les châtimens se divisent en réprimandes et en afflictions. Il ne faut pas confondre les avertissemens avec les premiers : ils doivent toujours les précéder ; être donnés avec bonté et douceur ; avec cet air indulgent qui encourage ; cette aménité qui plaît. La réprimande, au contraire, exige une sévérité tranquille, qui sans aigreur laisse croire qu'on est moins irrité, qu'affligé d'avoir à se plaindre.

Lorsque les fautes sont graves ou récidivées, que les réprimandes ont été infructueuses, il faut recourir aux afflictions qui doivent se graduer selon l'énormité des fautes.

Les verges employées sous l'ancien régime, caractérisent trop la servitude, pour être encore en usage sous celui de la liberté. On doit dans les punitions comme dans les récompenses, chercher à relever l'âme de ses élèves ; à leur faire concevoir une haute idée de leur future dignité. Un maître peut pour une première faute priver le coupable de son amitié pendant quelques jours ; pour une plus grave, joindre la gêne à la perte de l'affection.. Ce dernier châtiment est sur-tout avantageux en ce qu'il fait apprécier et chérir la faculté naturelle à l'homme de suivre sa volonté ; soit qu'on le retienne enfermé dans une classe , soit qu'il soit privé de la promenade , ou contraint à faire une chose ; il est mille moyens de cette espèce , qui font haïr la contrainte. La plus forte punition doit être celle d'opinion réunie à la peine du corps. On forcera par exemple un élève à rester exposé aux regards du public, pendant un quart-d'heure, dans une posture humiliante ; à revêtir une marque déshonorante ; à rester renfermé et privé de tous jeux , de toute consolation.

Comme le sentiment d'affection de l'instituteur pour les élèves , est susceptible de gradation, qu'il est facile à recouvrer , nous le plaçons le premier : la peine corporelle doit d'autant plus vivement affecter, qu'il y sera joint ; que, suivant la gravité du crime , l'affection de toute la classe peut le suivre. C'est aux instituteurs à graduer eux-mêmes les punitions , selon que les fautes sont plus ou moins répréhensibles.

Les récompenses consistent en témoignages de considération de la part du maître ; en décorations extérieures ; en places remarquables ; enfin en prix particuliers, en prix publics.

Nous avons dit que l'instituteur , semblable à un père de famille , doit une affection égale à tous ses élèves. Cependant il est possible de la graduer selon le mérite , en observant toujours que les écoliers se persuadent bien qu'ils en sont redevables à leurs efforts pour acquérir des connoissances.

Le plan d'institution nationale , déterminera sans doute des moyens puissans pour animer les jeunes-gens et les porter à l'étude. Le mérite de l'instituteur sera de les employer avec sagesse et justice.

Souvent un écolier est plus étourdi que méchant ; il faut bien le distinguer , pour ne pas le punir comme celui dont le caractère est vraiment digne d'affliction. Ce n'est pas lorsqu'il est surpris en faute qu'il faut le punir : il faut d'abord le livrer à lui-même ; donner le temps à la réflexion de le

faire repentir ; ensuite démontrer et son éga-
rement, et la justice de sa punition. Il faut,
sur-tout, conserver cet air affectueux, qui
annonce qu'on souffre à punir. On accélère
alors l'effet du châtiment. Il faut avoir une
fermeté noble sans dédain, qui se montre
insensible aux premières larmes, aux premiers aveux qu'arrache la crainte.

Lorsque le coupable est en état de cor-
rections, pour qu'elles lui soient utiles, on
peut employer un de ses camarades, ou un
tiers, qui par des conseils l'amène à une
récipiscence sincère, lui fasse convenir de
l'indignité de sa conduite ; qui lui persuade
enfin, tout en le plaignant, qu'il est de son
honneur, de son intérêt d'être désormais
plus sage. Dans son premier mouvement, il
peut accuser son instituteur d'injustice ; mais
pour le faire revenir, il ne faut que lui
offrir les moyens de se soustraire aux afflictions.

Si le découragement est une suite ordinaire des châtimens employés sans prudence, la sécurité l'est aussi des louanges pro-
diguées aux premiers succès. Aisément la
jeunesse se livre à un amour-propre flatté :
pour quelques efforts heureux et récompen-
sés, elle s'imagine bientôt n'avoir plus de

mauvais succès à craindre ; et, dans cette
fâcheuse assurance, elle s'endort dans une
sécurité, qui produit ensuite une opiniâtreté
vaine et ignorante. On ne sauroit avec trop
de soin offrir toujours un mieux à atteindre ;
des éloges et des récompenses à mériter.
c'est le seul moyen d'alimenter l'émulation,
de n'enfanter à la société que des citoyens
laborieux et instruits.

CONCLUSION.

Qu'on se figure une classe régie par un instituteur affable et doux, modeste, patient; qui joint des connoissances à une grande aménité, à une équité exemplaire; on y verra régner la plus vive satisfaction : l'ennui ne siégera pas sur les bancs : l'étude, devenue un moyen de plaire, occupera seule; et l'estime et l'attachement que les écoliers porteront à leurs instituteurs, en applanira les difficultés. Comme il leur témoignera à tous une égale affection, tous le quitteront satisfaits et d'eux-mêmes et de lui. Le tems qu'ils passeront en classe s'écoulera toujours trop rapidement; ils l'écouteront sans contrainte et sans dégoût; ils termineront leurs études en emportant avec eux l'envie de s'instruire, et la satisfaction d'avoir profité des soins de leurs maîtres, pour qui ils conserveront une éternelle estime.

Qu'on compare cette classe à celle d'un homme, qui ne se livre à l'instruction publique que par intérêt; qui croit posséder les talens que cette fonction exige; qui fait consister sa dignité dans une humeur sévère, dans des discours froids et précis, dans des

manières fières et sèches. Quelle étrange différence on appercevra facilement! Dans un
silence triste et morne, les élèves, retenus
par la seule crainte, liront, écriront, réci-
teront machinalement ; leur célérité à faire
leur devoir, annoncera moins l'amour du
travail, que le désir d'en être au plutôt dé-
livré.

La perte du tems serviroit seule à exclure
de l'éducation des hommes aussi incapables
d'en remplir les obligations, si un incon-
vénient plus fâcheux encore pour la société,
n'appeloit la surveillance publique contre
eux. Avec ces maîtres qui croient devoir employer une gravité insultante auprès de la jeunesse ; qui ne la conduisent que par la crainte ; elle contracte des habitudes vicieuses :
elle se fait à des sentimens bas. En considérant l'espèce de plaisir que semble trouver
son instituteur à se faire obéir, elle s'imagine qu'il est réellement une certaine jouissance à commander ; et comme le plus sou-
mis est le mieux accueilli, qu'il jouit d'une
partie de l'autorité magistrale, elle s'accoutume à être esclave pour commander à son
tour. Ainsi la sotte fierté d'un pédant, outre
qu'elle ralentit ses progrès, qu'elle la rend
servile, elle la dispose encore à aimer l'au-

torité. C'est elle, sans doute, qui nous a formé en quelque sorte aux usages honteux qu'on suit encore ; c'est elle qui développoit les premières dispositions à la flatterie et à la servitude, en même-tems qu'elle offroit à l'amour-propre une perspective riante.

La liberté qui plane sur nos têtes, et l'égalité sa compagne chérie, ne sauroit se fixer parmi nous, si nous n'avons soin de confier l'enfance à des citoyens propres à la former aux vertus civiques. Il sera difficile de trouver des instituteurs qui réunissent les qualités que nous avons détaillées ; cependant, c'est de leur réunion que dépend le succès de l'éducation.

Si les qualités d'instituteur se trouvent rarement dans un même homme, celui qui les possède, a certes de grands droits à l'estime publique. Il peut bien faire restituer à sa profession la dignité qui lui est propre, et dont elle a été privée par la turpitude de ceux même qui s'y livroient. Ce n'est pas la profession elle-même qu'on méprisa, ce furent les individus indignes qui s'y livrèrent. La facilité avec laquelle on pouvoit se donner pour instituteur, est une cause de cette affluence de pédagogue ineptes. Il faut espérer que désormais la patrie, pour

sa prospérité, surveillera avec soin l'exercice d'un des plus important emploi, non-
seulement dans les maisons publiques d'institution, mais encore dans les familles.

Cette surveillance de l'éducation domes-
tique, pourra être qualifiée d'inquisition : mais
quelque nom qu'on lui donne, dès que le
salut public l'exige, elle doit avoir lieu. Les
murmures contre elle ne seront proférés que
par des citoyens ennemis de la patrie. Le
bon patriote n'ignorera pas que son enfant
appartient plus à la patrie qu'à lui-même ;
qu'elle a le plus d'intérêt à ce qu'il ne contracte ni habitudes, ni sentimens qui lui soient
contraires. Bien loin de se récrier, il s'y sou-
mettra avec joie. Quant aux murmures du citoyen reconnu par son incivisme, comme on
doit s'y attendre, on ne doit pas même s'y
arrêter.

Nous n'insisterons pas sur les droits d'une
pareille profession à la considération publique ; elle n'aura qu'à être confiée à des hommes estimables, pour être bien appréciée.
Nous terminerons par soupirer après l'instant où les désirs de la jeunesse seront satisfaits.

Flatteur espoir de la postérité, jeunes
François, qui laissez éclater dans vos yeux

les caractères frappans de l'enthousiasme ;
vous n'aurez pas long-tems à attendre cette
instruction à laquelle vous vous êtes déja
préparés : vos ames, étrangères à toute corruption, se livrera aux nouvelles études avec
d'autant plus de facilité, qu'elles se trou-
veront favorables à l'idée que vous vous êtes
fait de votre future dignité ; qu'elles donne-
ront une nouvelle énergie à ce dévouement
généreux, qui vous fait prendre part à l'a-
néantissement du despotisme. Dignes de vos
pères, que vous surpasserez en vertus, vous
regrettez de ne pouvoir de votre sang et de
vos efforts cimenter l'édifice de la liberté ;
vous semblez craindre de le voir affermi,
avant d'avoir atteint l'âge et la force nécessaire pour coopérer à son triomphe ; ah !
calmez vos craintes, la génération présente
ne vous privera pas de la satisfaction que
vous lui enviez : elle remettra à votre cou-
rage à consolider l'empire de l'égalité ; c'est
à vous qu'en est reservée la gloire ; prépa-
rez-vous seulement à être digne d'une pareille entreprise.

Pour vous, citoyens, qui choisissez les
instituteurs publics ; sourds aux recomman-
dations, recherchez plutôt les qualités du
cœur que celles de l'esprit. Cet essai que je
vous

vous offre pourra vous servir : du moins n'est-il composé que dans cet espoir. La plus douce et la seule récompense que nous en attendions, est de voir l'instruction nationale confiée à des hommes tels que nous avons essayé de les dépeindre ; tels que tous les amis sincères de la patrie se plaisent à les imaginer.

FIN.

E

NOTES.

(*a*) En 1789, dans une brochure que je publiai à Grenoble, sous le titre d'*Observations sur l'état présent de la littérature françoise*, je conjurai nos premiers législateurs de reposer la prospérité de leurs loix sur une institution nationale qui leur fut propre.

Sur la fin des travaux de la même assemblée, lorsque M. Talleyrand-Périgord, au nom du comité d'instruction publique fit son rapport, j'exprimai mon vœu de voir les travaux de nos représentans se terminer par l'adoption du projet qui leur étoit présenté. Enfin, lorsque la seconde législature eut ouvert ses séances, je continuai à réclamer sur la nécessité de donner à la jeunesse une éducation publique, plus propre à sa nouvelle dignité. (Voyez le journal chrétien, ou l'ami des mœurs, de la vérité et de la paix.)

(*b*) Voyez Plutarque, vie de Numa.

(c) Ce fut en 1783 que l'académie royale des sciences et belles-lettres de Berlin, proposa ces trois questions :

Qu'est-ce qui a rendu la langue françoise universelle ?

Pourquoi mérite-t-elle cette prérogative ?

Est-il à présumer qu'elle la conserve ?

L'académie en couronnant le discours de Rivarol, où sont établis les motifs qui assurent à la langue
françoise une supériorité sur toutes les autres, a pro-
noncé le plus glorieux suffrage en notre faveur. Outre
le discours de Rivarol, on peut lire la dissertation al-
lemande de Schwab, dont Merian a donné le précis.
On se convaincra que l'académie de Berlin a porté
un jugement auquel on ne peut se refuser de sous-
crire.

(*d*) Théophraste étoit à Athènes depuis plus de
5o ans, lorsque l'athénienne le traita d'étranger. Cette
perfection dans l'ouïe d'une revendeuse , donne une
grande idée, et de la délicatesse de la langue grecque ,
et des nuances qui la caractérisoit. Quand de nos jours
on nous répète que le peuple est instruit ; on parle
sans doute de ses lumières en raison de son ignorance
passée : mais c'est en raison des connoissances qu'il
doit avoir , qu'il faut le considérer ; et alors je ne
puis croire qu'on soutienne encore qu'il est instruit.

(*e*) Voyez le voyage en Suisse de Williams-Coxe,
traduit par Ramond.

(*f*) Quoiqu'ami de l'estimable Berquin , nous n'é-
coutons pas seulement notre cœur pour recommander
ses ouvrages aux habitans des campagnes. Leur utilité
évidente nous arracheroit ce suffrage, lors même que
nous n'aurions pas eu la satisfaction de l'approcher.
Il mérita de l'estime publique ; et le tribut que lui
paye ici l'amitié éplorée, est celui que lui doivent tous
les amis de la vertu.

(*g*) Jamais aucune nation n'a produit dans un siècle autant d'auteurs, que la France en a produit dans celui où nous sommes; et, malgré cette étonante multiplicité d'hommes instruits, le peuple ignore encore les principes des conoissances. La diversité des idiomes et l'insouciance en sont les seules causes : qu'on s'occupe donc de lui fournir des moyens d'instruction.

(*h*) Il est de mode de décrier le christianisme, dont les abus multipliés étoient monstrueux ; mais en religion comme en politique, l'exagération est un mal, et l'on ne distingue pas assez le catholicisme du christianisme ; la religion des prêtres de celle du christ. Avec le tems, lorsque les passions seront plus dociles à la raison, il faut espérer que la charité, qui est la base de l'évangile, deviendra la première qualité des hommes : que ce livre sera leur manuel, et ses préceptes leur première loi ; le christianisme leur religion.

(*I*) L'ami des connoissances, qui réfléchira, que la révolution françoise due à leurs progrès, n'a rien opéré de salutaire pour leur culture, ne pourra que gémir sur l'insouciance qu'on témoigne pour l'unique palladium qui doit affermir le règne de la liberté.

(*k*) L'exemple journalier doit faire sentir combien il est à regretter que les instituteurs qu'on donne aux enfans, aient aussi peu de disposition à remplir dignement leurs fonctions. L'expérience de tous les citoyens élevés, suffit pour leur faire apprécier la justesse de notre opinion. Sans instituteur capable, nulle éducation.

(*l*) Cette méthode des philosophes qui doit enfin triom

pher des préjugés de l'ignorance, contre lesquels elle eut si long-tems à lutter, dans l'éducation des sourds et muets, est démontrée de la manière la plus évidente et la plus utile. Que ceux qui doutent encore que la méthode collégiale étoit erronnée ; que celle développée par Locke et Condillac est la méthode de la nature, la plus analogue à la marche de l'esprit humain, se transportent dans les écoles des sourds et muets ; qu'ils écoutent surtout et suivent avec attention l'estimable Sicard, digne successeur de l'Epée ; et ils n'auront aucun doute que les sourds et muets démontrent ce qu'avoit présumé le vrai, le profond Condillac.

(m) Voyez le quatrième volume du Traité des études de Rollin.

(n) Voyez le premier volume du Cours d'étude de Condillac, Art de parler.

(o) Port-royal, foyer des lumières sous le siècle de Louis XIV, fut le séjour d'où Antoine Arnauld, réuni à Lancelot, lança les premiers traits de lumière sur la grammaire. Ce génie extraordinaire à qui la géométrie et la logique sont redevables, ne parvint qu'avec le tems à faire adopter ces idées neuves sur les règles du langage. Notre compatriote également, tant qu'il vécut, ne trouva que des adversaires à ses opinions ; mais leurs avantages évidents pour quiconque le sait lire et approfondir, doit dans la nouvelle éducation publique, les faire triompher d'une routine funeste, plus propre à nuire aux progrès de l'esprit public, qu'à le servir.

Arnaud, Duclos, Condillac, par leurs manières lumineuses à traiter l'art de parler doivent convaincre qu'il est du plus grand intérêt de rechercher dans un instituteur , non seulement un homme qui fait des mots et des règles , mais qui a réfléchi sur ces mots et ces règles.

(*q*) Le reproche qu'on fait au christianisme des abus qui l'obscurcissoient et l'obscurcissent encore est d'autant moins fondé , qu'il est de la nature de l'homme d'abuser de ce qu'il lui peut être plus ou moins utile. Si nos déclamateurs anti-chrétiens réfléchissoient sur la déraison de leurs reproches , peut-être le nombre seroit-il reduit à zéro.

(*r*) Voyez l'étude de l'histoire de Mably, au dernier volume du cours d'étude de Condillac son frère.

Fin des Notes.

De l'Imprimerie du Cercle Social , rue du Théâtre Français, n°. 4.

www.ingramcontent.com/pod-product-compliance
Lightning Source LLC
LaVergne TN
LVHW022316170726
843503LV00006B/2532